Wissens Rätsel

FAHRZEUGE

Herausgegeben von
Matthias Raden

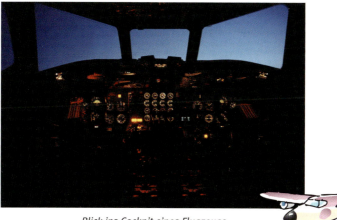

Blick ins Cockpit eines Flugzeugs

TESSLOFF

Die Erfindung des Autos

Hier siehst du Nicolas Joseph Cugnot 1771 bei der Vorführung seines Dampfwagens. Cugnot verursachte den ersten Verkehrsunfall der Geschichte, als er das Ungetüm gegen eine Mauer fuhr.

Ein Fahrzeug, das sich ohne körperliche Anstrengung des Fahrers fortbewegt, war schon immer ein Traum der Menschen gewesen. Aber erst die Erfindung der Dampfmaschine ließ diesen Traum wahr werden: Gegen Ende des 18. Jahr**h**underts gelang es dem Franzosen Nicolas Joseph Cugnot als Erstem, ein dampfbetriebenes Fahrzeug auf die Straße zu bringen. 1830 gab es in England schon etwa hundert Dampfa**u**tomobile. Trotzdem konnte sich diese Art der Fortbewegung nicht durchsetzen. Denn inzwischen war man einem neuen Gedanken auf der S**p**ur: Statt mit Dampf experimentierte der Schweizer Isaac de Rivaz 1804 mit brennbaren Gasen. Die Idee für den Verbr**e**nnungsmotor war geboren.

RÄTSEL

Ein Mann von der Versicherung nimmt Cugnots Unfallschaden auf. Wie viele Steine sind aus der Mauer gefallen?

Füge die markierten Buchstaben der Reihe nach ein, dann verrät dir das Lösungswort eine der ersten Erfindungen, die dazu diente, Wagen verkehrssicher zu machen.

1861 gelang es dem Kölner Nikolaus August Otto, den Verbrennungsmotor erheblich zu verbessern. Er baute den ersten Viertaktmotor. Der eignete sich aber nicht für den Einbau in Automobile: Er war viel zu schwer. Deshalb begannen gegen Ende des 19. Jahrhunderts Carl Benz und Gottlieb Wilhelm Daimler unabhängig voneinander daran zu arbeiten, aus dem sogenannten Ottomotor eine leichte Antriebsquelle zu machen.

1883 erzielte Daimler seinen ersten Erfolg: Um einen relativ leichten Motor herum baute er ein Fahrzeug mit einem Rahmen und Holzrädern. Doch mit seinen zwei Rädern glich der Wagen eher einem Motorrad als einem Auto. Damit kam ihm Carl Benz zuvor. Dieser erhielt 1886 ein Patent für das erste Automobil mit Verbrennungsmotor.

Der Patent-Motorwagen von Carl Benz erreichte immerhin schon eine Geschwindigkeit von 16 Kilometern pro Stunde.

GEHEIM!

Carl Benz hat einen geheimen Brief an das Patentamt geschrieben, um seine Erfindung vor Nachahmern schützen zu lassen. Kannst du den Brief entschlüsseln?

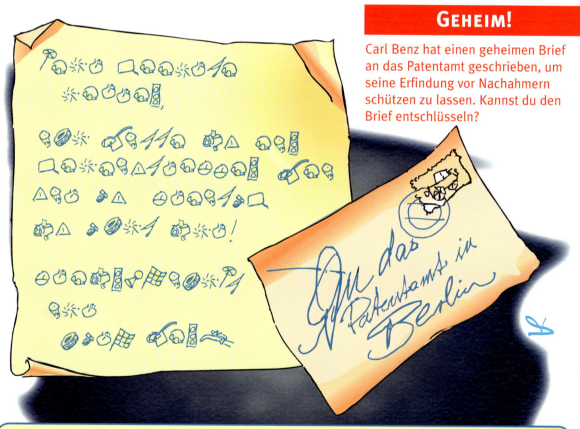

Buchstabensalat

Tess hat mit den Buchstaben jongliert und dabei sind die Bezeichnungen für die Bauteile des Autos durcheinandergeraten. Kannst du die Wörter erraten?

1. **ATTBERIE**
Dieses Bauteil dient als Stromerzeuger für den Start.

2. **OBRTLOMOCK**
Hier wird durch die Verbrennung des Kraftstoffs Energie erzeugt.

3. **ERÜHLK**
Dieses Bauteil schützt den Motor vor Überhitzung.

4. **ALSCHINEMICHT**
Hier wird der Strom für die elektrische Anlage des Autos erzeugt.

5. **SEBENSCEHIBREM**
Diese Vorrichtung funktioniert ähnlich wie die Bremse beim Fahrrad.

6. **ETRGIEBE**
Diesen Teil des Autos nennt man auch Kupplung.

7. **PUAFFUS**
Hier gelange die Abgase n draußen.

Moderne Autos

Die inneren Bauteile unterscheiden sich bei Autos kaum. Jeder Wagen besitzt einen Motor, ein Fahrwerk mit Rädern und Gummireifen, eine Lenkung, Bremsen und eine elektrische Anlage. Wie ein Auto äußerlich gebaut ist, kommt auf den Zweck des Fahrzeugs an. Die meisten Leute fahren eine geschlossene Limousine. Kleinwagen oder größere „Familienkutschen" haben fünf Sitzplätze. Autofahrer, die sich gerne den Fahrtwind um die Ohren blasen lassen, bevorzugen ein Cabriolet mit Faltverdeck. Die offenen sportlichen Zweisitzer nennt man Roadster. Außerdem unterscheidet man Kombis, Geländefahrzeuge oder „Offroad-Autos", Lastkraftwagen, Busse und Zugmaschinen mit Anhängern.

Von Erlkönigen und Pointtakern

An der Entwicklung eines neuen Fahrzeugtyps sind viele Leute beteiligt. Wenn eine neue Idee geboren ist, fertigen Ingenieure erst einmal ein Modell aus Ton an. Designer zeichnen Skizzen. Die Maße des neuen Fahrzeugs werden in den Computer eingegeben. Ein so genannter „Pointtaker" (Punktaufnehmer) tastet die Karosserieform ab und übermittelt den Wert jedes einzelnen Tastpunkts an den Computer. Die Punkte werden gespeichert und auf dem Bildschirm entsteht ein „Gittermodell".

Bevor ein Modell in Serie gebaut wird, wird zuerst ein Prototyp für Testzwecke hergestellt. Dazu sagt man Erlkönig. Wie in dem Gedicht von Goethe werden die Erlkönige auf Rädern bei „Nacht und Wind" auf

Erwischt: ein „Erlkönig". Unter Folien versteckt sich der noch geheime Prototyp eines neuen Serienwagens.

Prüfstrecken Probe gefahren. Die Form des neuen Modells ist noch streng geheim. Deshalb werden die Umrisse mit Verkleidungen und falschen Aufbauten unkenntlich gemacht. Ein PKW besteht aus rund 12 000 Einzelteilen. Wenn am Ende Karosserie und Fahrgestell zusammengesetzt werden, nennen die Autobauer dies „Hochzeit".

PUNKTRÄTSEL

Hier darfst du dich als „Pointtaker" versuchen: Verbinde die einzelnen Zahlen und es entsteht ein Automodell. Weißt du, welches?

Auf unseren Straßen

Am Beginn des 21. Jahrhunderts stellt der Verkehr ein großes Problem dar. Millionen von Fahrzeugen rollen täglich über die Autobahnen, verstopfen die Städte, verursachen Lärm und Gestank. Strenge Verkehrsvorschriften und die Ausbildung der Autofahrer in der Fahrschule sorgen dafür, dass alle Verkehrsteilnehmer – Fußgänger, Radfahrer, Autofahrer – gut miteinander auskommen und sicher ans Ziel gelangen. Der Verkehr wird durch Ampeln und Verkehrszeichen geregelt. Elektrische Leitsysteme überwachen mit Kameras die Autobahnen und senden die Daten an einen zentralen Verkehrsrechner. So kann per Radio vor Staus gewarnt werden. Immer mehr Autos sind heute auch mit einem Navigationssystem ausgestattet. Das ist ein kleiner Computer im Armaturenbrett. Der Fahrer gibt sein Reiseziel ein und der Rechner zeigt auf dem Bildschirm die Reiseroute an und gibt Richtungsanweisungen.

LABYRINTH

Findest du für jedes Fahrzeug den richtigen Weg durch das Straßenlabyrinth zum Zielort?

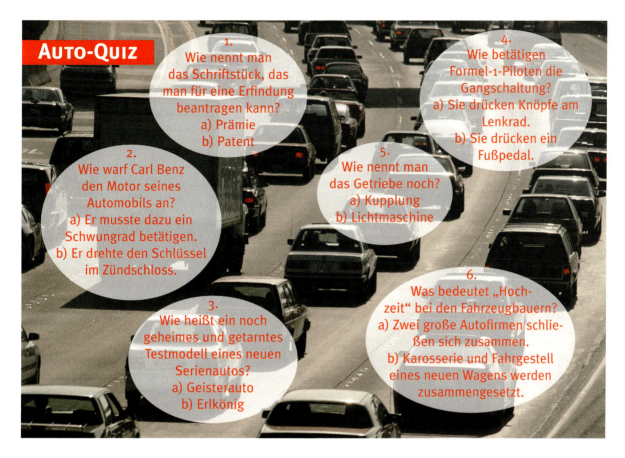

Auto-Quiz

1. Wie nennt man das Schriftstück, das man für eine Erfindung beantragen kann?
a) Prämie
b) Patent

2. Wie warf Carl Benz den Motor seines Automobils an?
a) Er musste dazu ein Schwungrad betätigen.
b) Er drehte den Schlüssel im Zündschloss.

3. Wie heißt ein noch geheimes und getarntes Testmodell eines neuen Serienautos?
a) Geisterauto
b) Erlkönig

4. Wie betätigen Formel-1-Piloten die Gangschaltung?
a) Sie drücken Knöpfe am Lenkrad.
b) Sie drücken ein Fußpedal.

5. Wie nennt man das Getriebe noch?
a) Kupplung
b) Lichtmaschine

6. Was bedeutet „Hochzeit" bei den Fahrzeugbauern?
a) Zwei große Autofirmen schließen sich zusammen.
b) Karosserie und Fahrgestell eines neuen Wagens werden zusammengesetzt.

Blick in die Zukunft

In einigen Jahren wird ein Autofahrer vielleicht nur noch seinen Zielort in den Computer eingeben und sein Wagen findet dann den kürzesten oder schnellsten Weg per Autopilot. Jede Menge Technik wird bei der automatischen Steuerung helfen, zum Beispiel Messfühler, die den Abstand zu Hindernissen messen oder die Funktionen des Wagens überprüfen. Die Fahrzeuge werden keine umweltschädlichen Abgase mehr produzieren, da sie von Wasserdampf angetrieben lautlos durch die Gegend flitzen. Vielleicht sind unsere Straßen sogar bald autofrei, weil die Fahrzeuge umweltfreundlich auf Magnetschwebebahnen dahingleiten oder sogar fliegen können.

Rätsel

Tess hat alle Selbstlaute geklaut! Kannst du die folgenden Wörter wieder mit A, E, I, O, U, Ä, Ö und Ü vervollständigen, sodass sie verschiedene Kraftfahrzeuge ergeben?

1. RNNWGN
2. LSTKRFTWGN
3. BS
4. KMB
5. CBRLT
6. GLNDWGN
7. MTRRD
8. SLRMBL

Die ersten Eisenbahnen

Einfache Holzwagen auf Schienen kennen wir bereits aus den Bergwerken im Mittelalter. Um 1600 entstanden außerhalb der Bergwerke die ersten Schienenbahnen, auf denen Rohstoffe über Land zu Frachtschiffen gebracht wurden. Eine entscheidende Verbesserung gelang Ende des 18. Jahrhunderts mit der Umstellung von Holz- auf Eisenschienen. Man nannte die Bahnen auf Eisenschienen „eiserne Bahnen" oder einfach „Eisenbahnen".

Trotzdem brauchte man noch immer die Zugkraft der Pferde. Das änderte sich erst mit der Erfindung der Dampfmaschine. Der Engländer Richard Trevithick baute als Erster eine Dampflokomotive, die sich ohne äußere Zugkraft fortbewegte. 1825 konnte die erste öffentliche Dampfeisenbahn in England ihre Fahrt aufnehmen. Zehn Jahre später war es auch in Deutschland so weit: Die erste Eisenbahnstrecke wurde zwischen Nürnberg und Fürth eröffnet.

Die Lok wurde in England bestellt und erhielt den Namen „Adler". Und da die Nürnberger noch nicht wussten, wie man mit einer Dampflokomotive umgeht, lieferte der Fabrikant den Lokführer William Wilson gleich mit. Er bekam mehr Gehalt als der Direktor der Eisenbahngesellschaft!

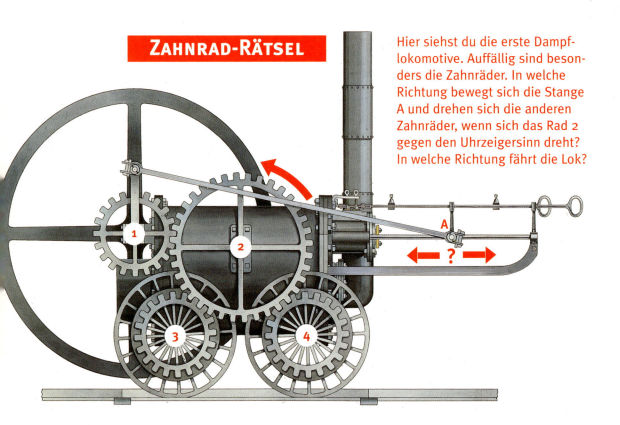

ZAHNRAD-RÄTSEL

Hier siehst du die erste Dampflokomotive. Auffällig sind besonders die Zahnräder. In welche Richtung bewegt sich die Stange A und drehen sich die anderen Zahnräder, wenn sich das Rad 2 gegen den Uhrzeigersinn dreht? In welche Richtung fährt die Lok?

1835 wurde die Einweihung der ersten Eisenbahnstrecke in Deutschland mit einem großen Fest gefeiert. Der Lokomotivführer William Wilson trug Frack, Zylinder und weiße Handschuhe.

Wo hat sich Quentin versteckt?

Nach der Eröffnung der ersten Eisenbahnstrecke brach in Deutschland ein richtiges „Eisenbahnfieber" aus. Im Eiltempo wurden Bahnstrecken zwischen den großen Städten eingerichtet. Bereits im Jahr 1839 wurde die erste Fernbahn zwischen Leipzig und Dresden eröffnet. Diese Strecke war 115 Kilometer lang. Gezogen wurde die Bahn von der „Saxonia", der ersten in Deutschland gebauten Lokomotive. Ungefähr zehn Jahre später gab es insgesamt schon 6 000 Kilometer Gleise in Deutschland.

DOPPELGÄNGER

Sieh dir die Zugreisenden genau an. Welche Person reist mit ihrem Zwilling?

Ein ICE 2 auf der Neubaustrecke zwischen Hannover und Würzburg

Mit der Bahn unterwegs

Vor 100 Jahren war die Bahn das wichtigste Verkehrsmittel. Die Reise per Kutsche, Pferd oder Schiff dauerte wesentlich länger. Heute hat die Bahn durch Auto, LKW und Flugzeug starke Konkurrenz bekommen. Um im Wettbewerb bestehen zu können, werden neue Eisenbahnstrecken gebaut und schnellere Züge entwickelt.

Die Technik wird ständig verbessert, die Züge werden immer sicherer und komfortabler. Der schnellste deutsche Zug ist der Intercity-Express (ICE). Die Modelle ICE 1, ICE 2 und ICE 3 erreichen Geschwindigkeiten von bis zu 300 km/h. Deshalb nennt man sie auch Hochgeschwindigkeitszüge.

Täglich fahren etwa 4,7 Millionen Menschen mit der Bahn. Das sind ungefähr so viele, wie die Einwohner der beiden Großstädte Berlin und Hamburg zusammen. Viele Fahrgäste sind Pendler auf dem Weg zur Arbeit, Schüler auf dem Weg in die Schule oder Geschäftsleute auf Dienstreise.

RÄTSEL

Ordne die Zugräder vom größten zum kleinsten und du erfährst, wo die erste elektrische Straßenbahn der Welt fuhr!

Diese Zugräder verraten dir, wenn du sie in der richtigen Reihenfolge vom kleinsten zum größten ordnest, welches Land das größte Eisenbahnnetz der Welt besitzt!

Die Deutsche Bahn befördert täglich über 800 000 Tonnen Güter wie Kohle, Eisen, Erdöl oder Baumaterialien. Besonders geeignet ist die Bahn für den Transport von schweren Gütern wie Stahl oder Sand. Ein Zug kann sehr viel mehr Gewicht befördern als ein LKW. Er verbraucht auch weniger Energie und fährt damit umweltschonender.

Vergleicht man die Umweltfreundlichkeit von Auto, Flugzeug und Bahn auf der Strecke Berlin – Bonn, dann verbraucht der Autofahrer 5,5-mal so viel Energie wie jemand, der die Bahn benutzt. Ein Flugzeugpassagier verbraucht etwa 3,5-mal so viel Energie wie ein Bahnfahrer.

Vervollständige die Zahlenreihe und du erhältst die Typennummer einer der modernsten Elektroloks der Deutschen Bahn. Sie wird mit Strom betrieben und erzeugt beim Bremsen selbst Strom.

LOKFÜHRER-RÄTSEL

Hier bist du der Lokführer. Findest du den richtigen Weg von A nach B? Du darfst nach rechts, links, oben und unten gehen, aber nicht diagonal. Halte diese Reihenfolge der Symbole ein:

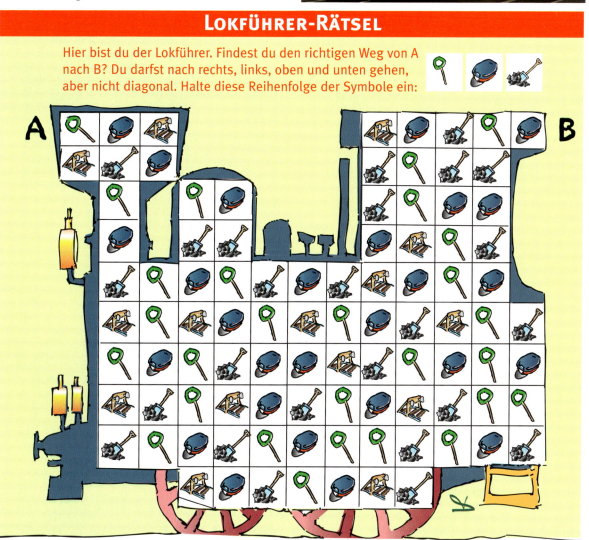

○ Wahr oder
○ gemogelt?

Australische Ingenieure arbeiten gerade an einem neuen Hochgeschwindigkeitszug, der zeitweise in die Luft abheben kann. Leider funktioniert das bisher nur auf gerader Strecke.

So könnte ein Bahnhof der Zukunft aussehen. Eine unterirdische Eisenbahn würde die Verkehrsprobleme auf der Erde vielleicht lösen.

Zukunftsmusik

Wie die Eisenbahn in einigen Jahrzehnten aussehen wird, kann heute niemand genau sagen. Einige Veränderungen kann man sich aber schon jetzt vorstellen. So soll zum Beispiel der Schienenverkehr mit Hochgeschwindigkeitszügen weiter ausgebaut werden. Auf Neubaustrecken werden die Schienen nicht mehr in einem Schotterbett, sondern als feste Fahrbahn in Asphalt verlegt. Das erlaubt eine höhere Geschwindigkeit.

Außerdem wird der gesamte Zugverkehr wohl in Zukunft computergesteuert sein. Eine Betriebszentrale regelt dann den Verkehr auf dem gesamten Schienennetz. Sie sendet ständig Daten an die Bordcomputer der fahrenden Züge. Signale an der Strecke und selbst Lokführer werden dann wahrscheinlich nicht mehr gebraucht.

Auch über eine unterirdische Eisenbahn wird nachgedacht. In Zürich in der Schweiz soll das sogar bald Wirklichkeit werden. Dort sollen bis 2012 unterirdisch Gleise verlegt und ein Bahnhof gebaut werden.

DREHSCHEIBEN-RÄTSEL

Bewege die Drehscheiben mit den Zahlen an die richtige Stelle und setze den fehlenden Buchstaben ein. Dann kannst du der Zahlenreihe folgend im oder gegen den Uhrzeigersinn lesen, was Eisenbahnen in Zukunft noch bequemer und interessanter machen wird.

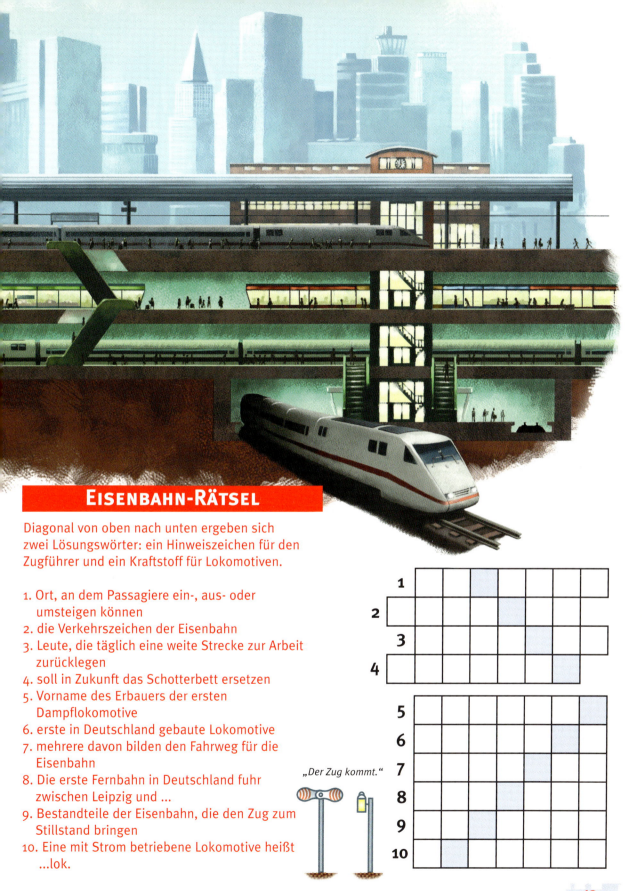

EISENBAHN-RÄTSEL

Diagonal von oben nach unten ergeben sich zwei Lösungswörter: ein Hinweiszeichen für den Zugführer und ein Kraftstoff für Lokomotiven.

1. Ort, an dem Passagiere ein-, aus- oder umsteigen können
2. die Verkehrszeichen der Eisenbahn
3. Leute, die täglich eine weite Strecke zur Arbeit zurücklegen
4. soll in Zukunft das Schotterbett ersetzen
5. Vorname des Erbauers der ersten Dampflokomotive
6. erste in Deutschland gebaute Lokomotive
7. mehrere davon bilden den Fahrweg für die Eisenbahn
8. Die erste Fernbahn in Deutschland fuhr zwischen Leipzig und ...
9. Bestandteile der Eisenbahn, die den Zug zum Stillstand bringen
10. Eine mit Strom betriebene Lokomotive heißt ...lok.

„Der Zug kommt."

Die Anfänge der Schifffahrt

Niemand weiß genau, wann und wo Menschen zum ersten Mal ein Wasserfahrzeug benutzten. Man vermutet aber, dass am Anfang der Geschichte des Schiffbaus das Fellboot und der Einbaum, ein aus einem Stamm geschnitztes Holzboot, standen.

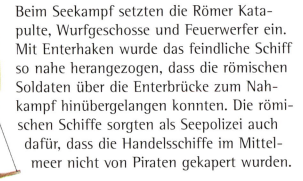

Fellboot

Einbaum

Um 1500 v. Chr. begannen die Ägypter, Segelschiffe aus Holz zu bauen. Sie setzten sie ein, um Lebensmittel und Handelswaren auf dem Nil zu transportieren.

Beim Seekampf setzten die Römer Katapulte, Wurfgeschosse und Feuerwerfer ein. Mit Enterhaken wurde das feindliche Schiff so nahe herangezogen, dass die römischen Soldaten über die Enterbrücke zum Nahkampf hinübergelangen konnten. Die römischen Schiffe sorgten als Seepolizei auch dafür, dass die Handelsschiffe im Mittelmeer nicht von Piraten gekapert wurden.

Altägyptisches Segelschiff

Mehr als tausend Jahre später entwickelten sich die Römer zu einer starken Seemacht, die weit über das Mittelmeer hinaus reichte. Sie trieben Handel und erkundeten neue Küsten und Länder.

In Filmen sieht man immer wieder Piraten, die einen Papagei auf der Schulter mit sich tragen. Hatten Seeräuber wirklich solche Haustiere?

RUDER-RÄTSEL

Auf einer römischen Trireme saßen drei Reihen von Ruderern übereinander, die das Schiff schnell voranbringen konnten. Die Trireme hatte einen Rammsporn am Bug und die typische Enterbrücke. Mit wie vielen Rudern war das abgebildete Schiff ausgestattet?

Die eigentliche Epoche der Seeschifffahrt begann erst gegen Ende des Mittelalters. Damals wurden die ersten hochseetauglichen Schiffe gebaut. Eines davon war die Karacke. Mit diesem Schiffstyp entdeckte Kolumbus 1492 Amerika. Die Karacke wurde zu vielen verschiedenen Typen von Segelschiffen weiterentwickelt.

Spanische Galeone

Die Karacke Santa Maria war das Flaggschiff der Kolumbus-Flotte.

Die Spanier transportierten Gold und Silber aus ihren amerikanischen Kolonien auf Galeonen, Nachfolgern der Karacken. Neben Spanien und Portugal besaßen die Holländer, Engländer und Franzosen ab dem 16. Jahrhundert große Handels- und Kriegsflotten.

GITTERRÄTSEL

Kannst du alle Wörter in das Rätselgitter einfügen? Tipp: Beginne mit Wörtern, die an den schon eingetragenen Begriff angrenzen.

5 Buchstaben: RUDER
6 Buchstaben: FLOTTE, ROEMER, SILBER
7 Buchstaben: SPANIEN, EINBAUM, TRIREME, HOLLAND, GALEONE, KARACKE
8 Buchstaben: KATAPULT, KOLUMBUS, SEEMACHT, FELLBOOT
9 Buchstaben: KARAVELLE
10 Buchstaben: MITTELMEER
11 Buchstaben: FLAGGSCHIFF, SEGELSCHIFF

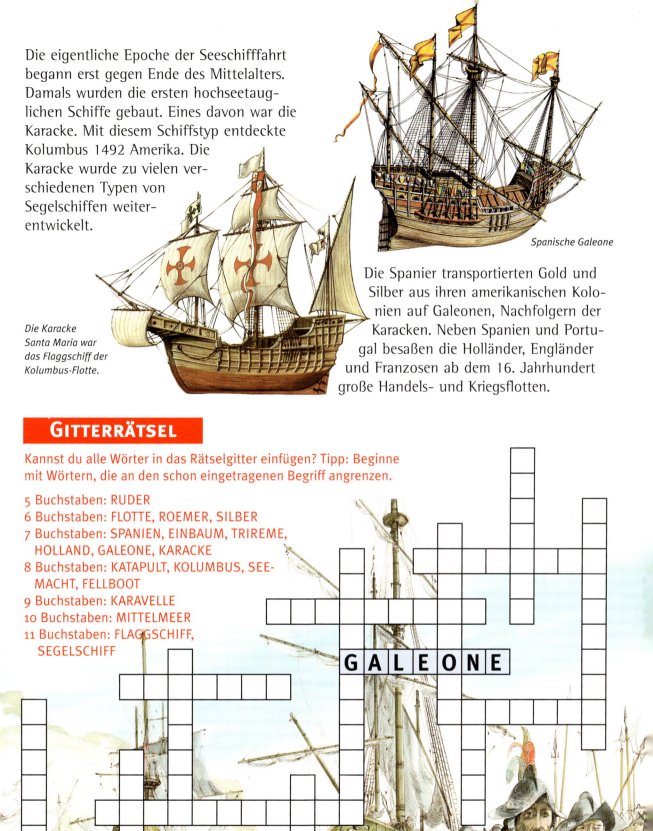

Würfelrallye

Für die Reise um die ganze Welt benötigst du einen Würfel und eine Spielfigur für jeden Mitspieler. Gewonnen hat, wer als Erster durchs Ziel geht.

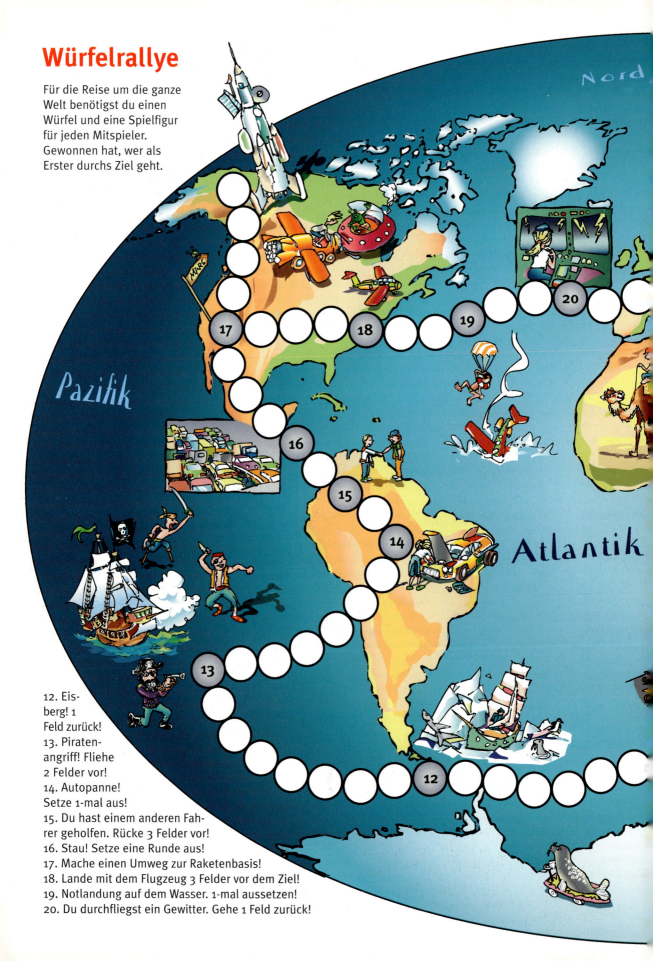

12. Eisberg! 1 Feld zurück!
13. Piratenangriff! Fliehe 2 Felder vor!
14. Autopanne! Setze 1-mal aus!
15. Du hast einem anderen Fahrer geholfen. Rücke 3 Felder vor!
16. Stau! Setze eine Runde aus!
17. Mache einen Umweg zur Raketenbasis!
18. Lande mit dem Flugzeug 3 Felder vor dem Ziel!
19. Notlandung auf dem Wasser. 1-mal aussetzen!
20. Du durchfliegst ein Gewitter. Gehe 1 Feld zurück!

Von Dampfern und Luxuslinern

Paddelboote werden durch Muskelkraft vorwärts bewegt, Segelschiffe nutzen den Wind als Antriebskraft. Dampfer werden mit einer Dampfmaschine betrieben und sind dadurch vom Wind unabhängig. Anfang des 19. Jahrhunderts wurden die ersten Dampfschiffe entwickelt.

Die berühmtesten waren die Raddampfer auf dem Mississippi. Sie hatten mehrere Stockwerke und gewaltige Schaufelräder. Die Fahrt war gefährlich, da die Funken aus den Schornsteinen das hölzerne Deck in Brand setzen konnten. Heute werden Dampfer mit Dieselmotoren und Schiffsschrauben angetrieben.

Für die Personenschifffahrt werden Passagierschiffe mit hohen Aufbauten und einer langen Reihe Bullaugen eingesetzt. Die modernen Kreuzfahrtschiffe sind schwimmende Hotels mit luxuriöser Ausstattung. Auf sonnigen Routen überqueren sie die Meere. Zum Vergnügen der Fahrgäste gibt es Schwimmbäder, Sonnendecks, Läden, Kinos und viele andere Freizeitmöglichkeiten.

Im Buchstabengitter findest du das ganze Alphabet, bis auf sechs Buchstaben. In der richtigen Reihenfolge ergeben sie ein Schiff, das alle Arten von Flüssigkeiten befördern kann.

DOPPELGÄNGER

Nur zwei der Dampfschiffe sind völlig gleich. Findest du sie?

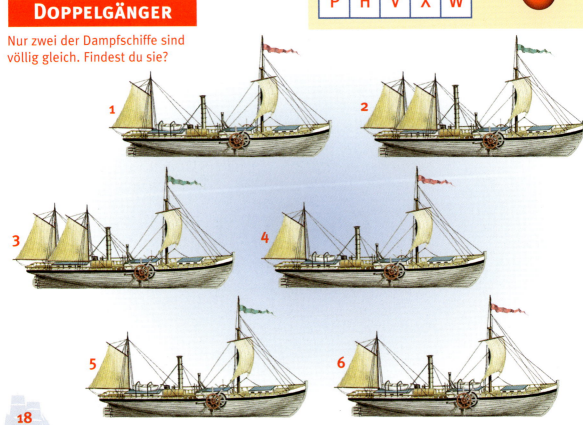

Schwere Fracht

Für den Welthandel werden Tanker, Fracht- und Containerschiffe gebaut. Sie können riesige Mengen an Öl, Chemikalien, Holz oder Lebensmitteln transportieren. Je nach Frachtgut haben die Schiffe besondere Vorrichtungen, damit die Waren gut und sicher verladen werden können.

Im Hafen werden die Container mit Kränen verladen.

Suchsel

Finde im Buchstabengitter folgende Waren, die ein Schiff transportieren kann: Autos, Lastwagen, Früchte, Kartoffeln, Getreide, Chemikalien, Rohöl, Kohle, Erz, Benzin, Wein, Teer (ü = ue).

```
A B E T O R O H
Z E H E N S A U
A N X E H A F T
U Z E R B O R G
Z I N K L A S T
E N T E N G R U
F R U E C H T E
A L C H E M I K
```

(zusätzliches Gitter rechts):
OELGENBERZ
TOSENFVRZU
KARTOFFELN
SEHRBADKEL
WAGENBUORW
ETZINTEHSE
GUNDEJOLUI
KALIENVOEHN

Unter dem Meer

Ein besonderes Schiff ist das U-Boot (Unterseeboot). In seinem Innern befinden sich Hohlräume (Tanks), die mit Wasser gefüllt werden können. Sind sie leer, unterliegt das Boot der Auftriebskraft und es bleibt an der Oberfläche. Tankt man sie voll, versinkt das U-Boot im Wasser. Durch Senken oder Erhöhen des Luftdrucks lässt sich der Wasserinhalt in den Tanks so regulieren, dass das U-Boot in der Tiefe dahingleiten oder wieder auftauchen kann.

Im Innern eines U-Bootes:
1. *Torpedoraum*
2. *Batterien für die Unterwasserfahrt mit Elektromotoren*
3. *Wohnräume*
4. *Kommandozentrale*
5. *Dieseltanks*
6. *Motorenraum*
7. *Sehrohre, Antennen, Radar und Schnorchel für die Luftzufuhr bei Unterwasserfahrt mit Dieselantrieb*

19

Pioniere der Luftfahrt

Der Traum vom Fliegen ist so alt wie die Menschheit selbst. Immer schon haben Erfinder und Konstrukteure versucht, es den Vögeln und Insekten gleichzutun und sich das Fliegen von ihnen abzuschauen. Drei Männer heben sich aus der Reihe der Flugpioniere besonders hervor: Otto Lilienthal aus Deutschland und die Amerikaner Orville und Wilbur Wright.

Otto Lilienthal hatte sich im Sommer 1891 zum ersten Mal mit einem Gleitflieger von einem Hügel in die Luft erhoben und flog über eine Distanz von 25 Metern. Lilienthal absolvierte mit seinem Gleiter mehr als 2 000 weitere Flüge. Er ließ sogar einen Hügel aufschütten, von dem er starten konnte. 1896 starb er an den Folgen einer Bruchlandung.

Den letzten entscheidenden Schritt zum motorisierten Flug taten die Brüder Wright:

Otto Lilienthal mit seinem Gleiter

Sie bauten einen leichten Benzinmotor in einen Gleiter ein. Orville Wright gelang im Dezember 1903 in den Sanddünen von Kitty Hawk in North Carolina der erste kurze Flug mit einem Motorflugzeug. Der sogenannte Flyer legte in zwölf Sekunden eine Entfernung von 36 Metern zurück. Noch heute ist die Strecke mit Flaggen abgesteckt.

Geheim!

Wenn du alle X, Y und Z in der Sprechblase streichst, erfährst du, was Wilbur Wright seinem Bruder beim ersten Motorflug zuruft.

Arthur Whitten Brown klettert beim Nonstop-Flug über den Atlantik aus dem Cockpit, um einen der Motoren von Eis zu befreien.

Tollkühne Piloten

In den folgenden Jahren machte die Entwicklung der Flugzeugtechnik riesige Fortschritte. Immer neue Rekorde wurden aufgestellt. Schließlich starteten die Engländer John Alcock und Arthur Whitten Brown 1919 mit einem schweren zweimotorigen Vickers-Vimy-Bomber zur ersten Nordatlantiküberquerung. Mehr als dreieinhalbtausend Kilometer in der Luft lagen vor ihnen, als sie von Kanada aus Richtung Irland starteten.

Unterwegs vereiste einer der Motoren. Brown kletterte im Dunkeln aus dem Cockpit, hangelte sich mühsam über die Tragfläche bis zum Motor und entfernte das Eis am Vergaser – der Motor kam wieder auf Touren und der Flug musste nicht unterbrochen werden. Endlich, nach fast 16 Stunden, erreichten sie Irland. Bei der Landung brach das Fahrgestell ab und der Bomber stand auf dem Kopf. Doch Alcock und Brown waren überglücklich. Sie hatten als erste Piloten den Atlantik überquert und gewannen ein Preisgeld in Höhe von 10 000 englischen Pfund.

LUFTFAHRT-QUIZ

1. Wie viele Flüge unternahm Lilienthal mit seinem Gleiter?
A mehr als 20
D mehr als 200
L mehr als 2 000

2. Wie lang war die Strecke, die Alcock und Brown über dem Atlantik bewältigten?
G über 1 000 Kilometer
I über 3 500 Kilometer
B über 6 000 Kilometer

3. Wie hoch war das Preisgeld, das sie für ihren Nonstopflug über den Atlantik gewannen?
M 100 000 Dollar
U 1 000 englische Pfund
N 10 000 englische Pfund

4. Wie lange hielt sich Orville Wright beim ersten Motorflug in der Luft?
D 12 Sekunden
K 12 Minuten
E 1 Minute 20 Sekunden

Die Buchstaben vor den richtigen Antworten verraten dir den Namensanfang des Mannes, der 1927 im Alter von 25 Jahren als Erster im Alleingang den Atlantik überquerte:

Charles ☐☐☐☐ bergh

Leichter als Luft

Den ersten Ballon bauten die Brüder Montgolfier aus Frankreich. In einem Experiment verbrannten die Brüder Papier unter der Öffnung einer Ballonhülle aus Seide. Durch die entstandene Heißluft blähte sich der Seidensack auf und schwebte zur Decke. Denn Luft hat die Eigenschaft, sich bei Wärme auszudehnen, leichter zu werden und nach oben zu steigen. Im Jahre 1783 konnte der erste Heißluftballon in den Himmel fahren. Das Ereignis löste große Begeisterung aus. Unter den Zuschauern war sogar der französische König.

Das erste Luftschiff wurde 1852 gebaut. Statt heißer Luft füllte man Wasserstoff in einen Behälter unter der Stoffhülle. Die Hülle eines Zeppelins wurde auf ein festes Gitterwerk aus Aluminium gespannt. Ein Propeller sorgte für den Antrieb. Heutige Luftschiffe sind kleiner und haben kein Gitterwerk mehr. Man nennt sie Blimps.

○ **Wahr oder**
○ **gemogelt?**

Als die ersten Ballonfahrer am 19. September 1783 in die Lüfte schwebten, kletterten sie so aufgeregt im Korb herum, dass es beinahe zu einer Bruchlandung gekommen wäre.

An der gewölbten Oberseite der Tragfläche strömt die Luft schneller, an der kürzeren Unterseite langsamer. Oben entsteht ein Sog, unten ein Druck.

Auftrieb

Dass ein leichter Ballon fliegt, kann man sich vorstellen. Aber wie kann sich ein Flugzeug, ein tonnenschwerer Koloss, so majestätisch in die Lüfte erheben? Der Grund liegt in der Bauweise der Tragflächen. An der gewölbten Oberseite muss die Luft durch den längeren Weg schneller strömen und es entsteht ein Sog nach oben. Auf der Unterseite strömt die Luft langsamer. Deshalb entsteht hier ein Druck nach oben. Das funktioniert aber nur, wenn die Tragfläche stark angeströmt wird. Das bedeutet, Flugzeuge können erst vom Boden abheben, wenn sie eine gewisse Geschwindigkeit erreicht haben.

In die Lüfte schrauben

Bei Hubschraubern sind es die Rotorblätter, die den nötigen Auftrieb erzeugen. Gleichzeitig können sie wie ein ganz normaler Propeller Vortrieb erzeugen, wenn der Pilot den Hubschrauber, und damit die Rotorblätter, nach vorne neigt.

Zu den derzeit modernsten Hubschraubern gehört der Eurocopter EC 155, der auch von der Polizei eingesetzt wird.

Hubschrauber bieten einem Piloten ganz andere Möglichkeiten als Flugzeuge: Sie benötigen keine Landebahn. Man kann damit fast auf der Stelle in der Luft stehen bleiben, seitwärts fliegen und sich sogar rückwärts fortbewegen.

Die Nachfahren der Zeppeline sind sogenannte Blimps: mit Helium gefüllte Kleinluftschiffe.

Heute werden Zeppeline nicht mehr zur Personenbeförderung eingesetzt. Weißt du, wofür man ihre modernen Nachfolger verwendet?

HUBSCHRAUBER-RÄTSEL

Hier sind zwei Hubschrauber versteckt, die anstatt zwei Rotorblättern drei oder vier Rotorblätter haben. Findest du sie?

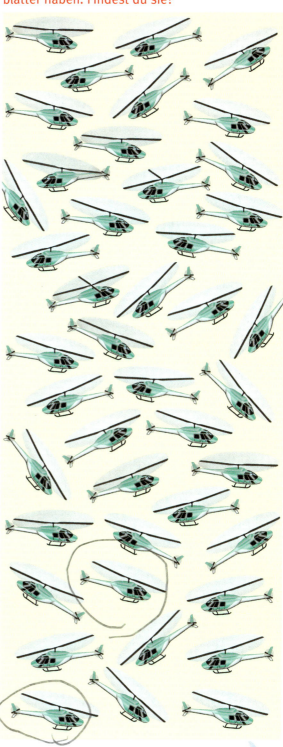

23

Ein Airbus A380 über den Wolken

Moderne Flugzeuge

Seit den Tagen der Brüder Wright hat sich in der Luftfahrt vieles verändert. Das bis vor Kurzem längste Verkehrsflugzeug der Welt, die A340-600, misst 75 Meter. Zu den größten Passagierflugzeugen gehört die Boeing 747-400. Sie kann 560 Passagiere befördern. Inzwischen wird sie jedoch vom Airbus A380 übertroffen, in dessen Kabine auf zwei Stockwerken bis zu 800 Fahrgäste untergebracht werden können.

Noch größer ist das Militär-Transportflugzeug AN-225 „Mrija" (russisch für „Traum"). Es hat sechs Düsentriebwerke, die dafür sorgen, dass es bis zu 250 Tonnen Nutzlast transportieren kann. Bisher gibt es nur ein Exemplar des Riesenjumbos. Er wurde von Antonow, einem der wichtigsten Flugzeughersteller Russlands, gebaut.

KREUZWORTRÄTSEL

Die farbigen Felder verraten dir, wie das erste Überschallflugzeug im Linienverkehr hieß. Es konnte bis zu 2 333 Kilometer pro Stunde erreichen (ß = ss).

A. Den ersten Heißluftballon bauten die Brüder ...
B. Luftfahrzeug ohne Motorantrieb
C. Dieses Meer überquerten Alcock und Brown im Jahre 1919.
D. Flugzeugflügel (Einzahl)
E. Füllstoff für Ballons
F. Fahrgäste im Flugzeug
G. Luftfahrzeug, das rückwärts fliegen kann
H. Raum, in dem die Piloten sitzen
I. Fahrer eines Flugzeugs
K. Herkunftsland Otto Lilienthals
L. nicht geglückte Landung
M. langer Flug ohne Zwischenlandung
N. Gleitflieger der Brüder Wright

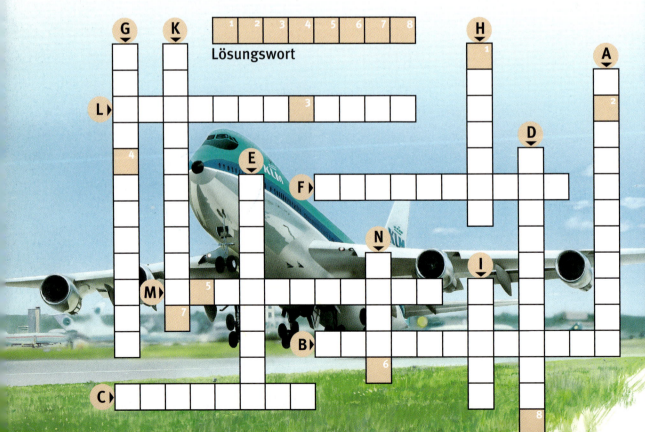

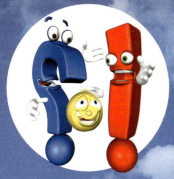

Ratekrimi

Theo, Tess und Quentin und Der Fall im Flugzeug

Wir hatten Ferien und beschlossen, mit dem Flugzeug zu verreisen. Tess war ein wenig ängstlich. Sie war nämlich noch nie geflogen. Theo beruhigte sie und sagte: „Ein Flugzeug ist das sicherste Verkehrsmittel. Flugzeuge stoßen nicht so oft zusammen wie Autos!"

Aber dann war Theo doch auch ein bisschen verunsichert, als er beim Einsteigen in die Maschine die anderen Fluggäste sah. Mehrere seltsame Leute waren darunter: Ein Mann trug einen großen, schwarzen Hut, der sein Gesicht fast ganz verbarg. Ein anderer putzte sich gerade lautstark mit einem blauen Taschentuch die Nase und bekam dann einen heftigen Niesanfall. Daneben saß ein dünner, bärtiger Mann, der dem Nieser böse Blicke zuwarf. Einige Reihen weiter hinten fiel Theo eine Frau auf, die wie wild in ihrem Handgepäck kramte.

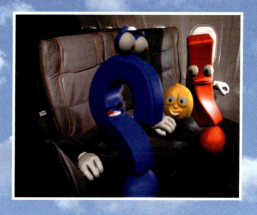

Dann hatten wir endlich unsere Plätze gefunden. Eine Stewardess begrüßte freundlich alle Passagiere und das Flugzeug rollte auf die Startbahn. Als es beschleunigte und von der Erde abhob, wurden wir ganz schön in unsere Sitze gedrückt. Als wir wohlbehalten die vorgeschriebene Flughöhe erreicht hatten, war alle Aufregung vergessen. Wir machten es uns gemütlich und einer nach dem anderen schlief auf seinem Sitz ein.

Doch nach etwa einer Stunde wurden wir unsanft aus dem Schlaf gerissen. Ein Mann rief: „Ein Dieb! Meine Uhr ist weg!" Theo stand auf und besah sich den Sitzplatz des aufgeregten Mannes. Um sicherzugehen, dass ihm die Uhr nicht einfach heruntergefallen war, schaute Theo auf den Boden. Vor seinen Füßen lagen aber nur ein aufgeschlagenes Buch, ein blaues Taschentuch und eine Packung Bonbons. Währenddessen versuchte Tess, den bestohlenen Passagier zu beruhigen. Theo ging den Gang weiter, bis er bei den Stewardessen angelangt war. Er sagte: „Rufen Sie die Polizei an. Ich weiß, wer der Dieb ist. Er kann gleich nach der Landung verhaftet werden."

Wen hat Theo so schnell entlarvt?

Kleine Raketenkunde

Die ersten Raketen wurden vor Jahrhunderten in China hergestellt. Es handelte sich dabei aber nicht um Raumfahrzeuge, sondern um Feuerwerkskörper. Trotzdem funktionieren Raketen in der Raumfahrt nach dem gleichen Verfahren: dem Rückstoßprinzip. Ein aufgepumpter Ballon fliegt davon, wenn man ihn loslässt und die Luft nach hinten herausströmen kann. Genauso setzt sich eine Rakete nach vorne in Bewegung, wenn sie hinten hoch erhitzte Gase ausstößt.

Da eine einzelne Zündung oft nicht ausreicht, haben Raketen mehrere Triebwerke, die stufenweise nacheinander eingesetzt werden. Ist der Treibstoff einer Stufe verbrannt, wird die leere Hülle abgeworfen und die Triebwerke der nächsten Stufe werden gezündet. So bringen mehrmalige Zündungen die Raumfähre schließlich auf die für sie vorgesehene Bahn.

Die amerikanische Raumfähre Space Shuttle wird von zwei Raketen angetrieben.

RAKETENRÄTSEL

Findest du unter all den Wörtern auch die Pakete, die die Rakete geladen hat?

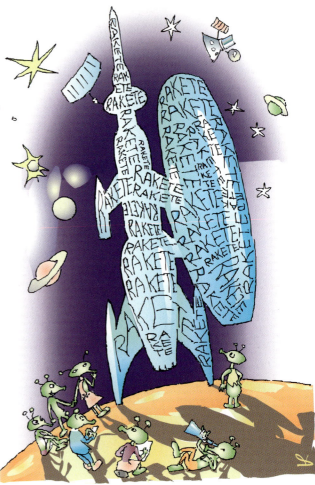

Schwerelosigkeit

Im Weltraum herrscht Schwerelosigkeit. Doch das Gleichgewichtsorgan in unserem Ohr ist auf die Richtung der Schwerkraft auf der Erde eingestellt. Auf die veränderten Bedingungen der Schwerelosigkeit muss sich das Gehirn von Astronauten daher erst einmal einstellen. In einem Raumschiff braucht man eine besondere Ausrüstung für Toiletten und Duschen, da auch Flüssigkeiten schwerelos als große Tropfen durch die Luft schweben. Beim Essen schnallen sich die Besatzungsmitglieder meist an ihren Sitzen fest, damit sie nicht davonfliegen. Auch in den Schlafkojen gibt es Gurte.

Mondlandung

600 Millionen begeisterte Fernsehzuschauer erlebten am 16.7.1969 den Raketenstart von Apollo 11, der ersten Expedition der Menschheit zum Mond. Vier Tage später, am 20. Juli, kletterten die amerikanischen Astronauten Armstrong und Aldrin in die Mondlandefähre. Nach der Trennung vom Mutterschiff begann der Landeanflug. Am Morgen des 21. Juli setzte Neil Armstrong als erster Mensch seinen Fuß auf den Mond. Zusammen mit Buzz Aldrin stellte er die amerikanische Flagge und einige Messgeräte auf. Die Astronauten brachten 22 Kilogramm Mondgestein mit zur Erde.

Die Apollo-Missionen 1969-1972 brachten die ersten Menschen auf den Mond. Hier sieht man die Landung im Jahr 1971.

LABYRINTH

Der Astronaut hat sich verirrt. Hilf ihm, durch das Labyrinth aus Mondkratern zu seinem Kollegen und seinem Raumschiff zurückzufinden!

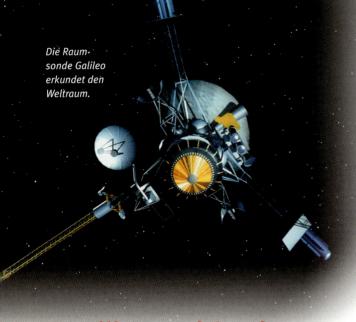

Die Raumsonde Galileo erkundet den Weltraum.

Satelliten und Sonden

Ein Satellit ist ein Himmelskörper, der einen größeren umkreist. Seit langem umrunden künstliche Satelliten unseren Planeten. Einige sind mit Kameras ausgestattet und senden Bilder zur Erde, die verschiedenen Zwecken dienen, zum Beispiel der Wettervorhersage. Andere übertragen die neuesten Nachrichten und Fernsehbilder von einem Erdteil zum anderen. Navigationssatelliten helfen Flugzeugpiloten und Schiffskapitänen, den Kurs zu halten.

Neben Satelliten werden sogenannte Raumsonden ins All geschossen. Sie fliegen mit Kameras und Messgeräten zu anderen Planeten und kehren in der Regel nicht zurück. Die bisher erfolgreichste Raumsonde war Voyager 2. Sie funkte zahlreiche Bilder von Jupiter, Saturn, Uranus und Neptun zur Erde. Zum Mars geschickte Sonden sammeln Daten und testen die Überlebensmöglichkeiten für Astronauten, die in naher Zukunft den roten Planeten betreten sollen.

WELTRAUMSCHROTT

Seit Jahrzehnten werden Raketen und Satelliten in den Weltraum befördert. Unser Planet ist inzwischen von unzähligen Raketentrümmern und anderem Weltraummüll umgeben, der ein erhebliches Risiko für die moderne Raumfahrt darstellt.
Einen Gegenstand hat unser Zeichner allerdings dazugemogelt. Welcher ist es?

○ **Wahr oder**
○ **gemogelt?**
Als Neil Armstrong als erster Mensch den Mond betrat, sagte er folgende berühmt gewordene Worte: „Den Mann im Mond gibt es nicht, aber den Mann auf dem Mond."

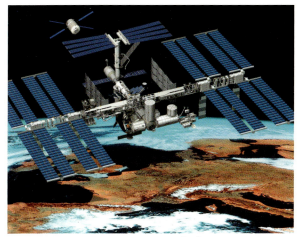

So soll die Internationale Raumstation (ISS) aussehen, wenn sie fertiggestellt ist.

Der Mensch im Weltall

Schon seit den ersten Tagen der Raumfahrt war es der Wunsch der Weltraumpioniere, große bewohnbare Satelliten zu bauen. Inzwischen wurden mehrere Raumstationen gebaut, in denen Astronauten leben und forschen. Das bisher größte Raumfahrtprojekt ist die „ISS" (International Space Station), die Internationale Raumstation. An diesem Projekt sind 17 Nationen beteiligt, darunter Amerika, Russland, Japan und Deutschland. Die ISS besteht aus etwa 100 Bauteilen, die nacheinander ins All befördert werden.

Sowohl der Raumflug als auch der Aufenthalt auf einer Raumstation ist für die Astronauten mit großen Anpassungsschwierigkeiten verbunden. Das menschliche Gehirn und alle wichtigen Organe wie Herz und Magen müssen sich erst auf die Schwerelosigkeit einstellen. Deshalb müssen Astronauten gesund und körperlich fit sein, regelmäßig bestimmte Medikamente einnehmen und trainieren.

Raumanzüge versorgen die Astronauten mit Atemluft und halten den Luftdruck konstant.

RAUMFAHRT-QUIZ

1. Die ersten Raketen stammten aus ...
N   ... Japan.
A   ... China.

2. Der erste Mann auf dem Mond war ...
I   ... Buzz Aldrin.
S   ... Neil Armstrong.

3. Das Raumfahrzeug, das die beiden ersten Astronauten auf den Mond brachte, hieß ...
K   ... Apollo 13.
T   ... Apollo 11.

4. An der Internationalen Raumstation ISS ...
R   ... sind 17 Nationen beteiligt.
A   ... arbeiten fünf Nationen mit.

5. Raketen zünden meist ...
O   ... mehrstufig.
M   ... einmal beim Start.

6. Raumsonden ...
N   ... bleiben meist für immer im All.
L   ... kehren regelmäßig zur Erde zurück.

7. Der menschliche Körper gewöhnt sich nur langsam an die Schwerelosigkeit.
O   Stimmt.
E   Stimmt nicht.

8. Nach der ersten Mondlandung wehte auf dem Mond die ...
S   ... deutsche Flagge.
M   ... amerikanische Flagge.

Die Buchstaben vor den richtigen Antworten verraten dir die Fachbezeichnung für einen Stern- und Himmelsforscher.

Die Zukunft der Raumfahrt

Die bisherigen Mondlandungen waren erst der Anfang einer Vielzahl von Forschungsreisen ins All. Vielleicht werden irgendwann sogar einmal Menschen dauerhaft auf dem Mond leben und arbeiten können. Ein Problem stellen dabei allerdings die im All vorhandene gefährliche Strahlung und der fehlende Sauerstoff dar. Ohne Raumanzug und Schutzräume ist ein Leben auf dem Mond wohl undenkbar. Aber im Laufe seiner Geschichte hat der Mensch immer wieder gezeigt, dass er durch Ideen und Experimente in der Lage ist, Lösungen für solche Probleme zu finden.

Neben der Erforschung des Mondes wird auch schon lange Zeit über Flugreisen zum Mars nachgedacht. Noch sind die Wissenschaftler dabei, den Planeten durch Sonden erkunden zu lassen. Es ist aber keineswegs unmöglich, dass auch hier eines Tages einmal Menschen landen und sogar angesiedelt werden können, wenn der Mars genügend erforscht ist. Die Marsatmosphäre besitzt allerdings ebenso wie der Mond keinen freien Sauerstoff. Auch die Strahlenbelastung ist hoch.

KREUZWORTRÄTSEL

A. Universum
B. Erster Mann auf dem Mond (Nachname)
C. Raumfahrer
D. Himmelskörper, der einen größeren umkreist
E. Astronautenbekleidung
F. Gas, das der Mensch zum Atmen benötigt
G. Roter Planet
H. Forschungsstelle im Weltall

Die farbig markierten Felder verraten dir den Namen eines Planeten unseres Sonnensystems, der von mehreren Ringen umgeben ist.

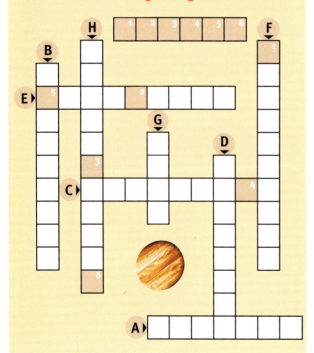

Viele Phänomene wie diese Lichterscheinung im Weltall können wir uns heute noch nicht erklären.

Umso interessanter ist also die Frage, welche Möglichkeiten sich für den Menschen in den Weiten des Universums noch verbergen. Welche Planeten gibt es noch zu entdecken? Könnte der Mensch auf einem anderen Stern neuen Lebensraum oder andere Lebewesen finden? Wie weit erstreckt sich der Weltraum?

REBUS

Vielleicht wird dieser Traum in einigen Jahrzehnten Realität: Eine Raumfähre bringt einige Tiere von der Erde zu einer neu gegründeten Planetenbasis. Wenn du die Bilderrätsel auflöst, erkennst du, um welche Tiere es sich handelt.

Lösungen:

S. 2 Rätsel: 18 Steine fehlen in der Mauer.
Theos Frage: Hupe

S. 3 Geheim! Sehr geehrte Herren, ich bitte um ein Geheimtreffen bei mir am Freitag um acht Uhr! Freundlichst Ihr Carl Benz

S. 4 Buchstabensalat: 1. Batterie, 2. Motorblock, 3. Kühler, 4. Lichtmaschine, 5. Scheibenbremse, 6. Getriebe, 7. Auspuff

S. 5 Punkträtsel:
Der Bildschirm zeigt einen VW Beetle.

S. 6 Labyrinth

S. 7 Auto-Quiz: 1b, 2a, 3b, 4a, 5a, 6b
Rätsel: 1. Rennwagen, 2. Lastkraftwagen, 3. Bus, 4. Kombi, 5. Cabriolet, 6. Geländewagen, 7. Motorrad, 8. Solarmobil

S. 8 Zahnrad-Rätsel: Die Zahnräder 1, 3 und 4 drehen sich im Uhrzeigersinn, die Stange A wird nach rechts geschoben. Die Lok bewegt sich vorwärts.

S. 9 Quentin versteckt sich in der Menschenmenge am rechten Rand des Bildes.

S. 9 Doppelgänger: Die beiden Mädchen mit den blonden Locken sind Zwillinge.

S. 10 Rätsel: Berlin, Amerika

S. 11 Theos Rechenrätsel: 101. Bei der Zahlenreihe wird jeweils abwechselnd 9 und 1 dazuaddiert: $80+1=81+9=90$ …
Lokführer-Rätsel: Mehrere Wege sind möglich.

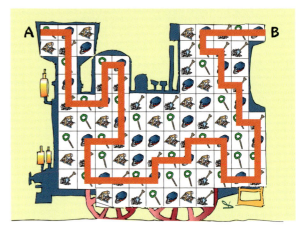

S. 12 Wahr oder gemogelt: Gemogelt, Züge können (noch) nicht fliegen.
Drehscheiben-Rätsel, von links nach rechts: Glasdach, Roboter, Geschäfte, Ärzte

S. 13 Eisenbahn-Rätsel: 1. Bahnhof, 2. Signale, 3. Pendler, 4. Asphalt, 5. Richard, 6. Saxonia, 7. Schiene, 8. Dresden, 9. Bremsen, 10. Elektro; Lösungswörter: Halt, Diesel

S. 14 Ruder-Rätsel: Das Schiff hat 114 Ruder, 57 auf jeder Seite.
Theos Quizfrage: Einige Piraten hielten wirklich Papageien als Maskottchen und zum Zeitvertreib auf See. Manche Vögel überbrachten sogar Botschaften zu anderen Schiffen.

S. 18 Tess' Buchstabengitter: Tanker
Doppelgänger: Schiff 1 und 4 sind gleich.

S. 19 Suchsel: